Buonanotte tesoro!
Goodnight, My Love!

Shelley Admont
Illustrazioni di Samir Boumsik

www.kidkiddos.com
Copyright©2015 by S.A.Publishing ©2017 by KidKiddos Books Ltd.
support@kidkiddos.com

All rights reserved. No part of this book may be reproduced in any form or by any electronic or mechanical means, including information storage and retrieval systems, without written permission from the publisher or author, except in the case of a reviewer, who may quote brief passages embodied in critical articles or in a review.

Tutti i diritti sono riservati. Nessuna parte di questa pubblicazione può essere riprodotta, memorizzata in sistemi di recupero o trasmessa in qualsiasi forma o attraverso qualsiasi mezzo elettronico, meccanico, mediante fotocopiatura, registrazione o altro, senza l'autorizzazione del possessore del copyright.

First edition, 2018
Edited by Martha Robert
Translated from English by Sara Adinolfi
Traduzione dall'inglese di Sara Adinolfi
Italian editing by Elena Germini

Library and Archives Canada Cataloguing in Publication
Goodnight, My Love! (Italian English Bilingual Edition)/ Shelley Admont
ISBN: 978-1-5259-0996-2 paperback
ISBN: 978-1-5259-0997-9 hardcover
ISBN: 978-1-5259-0995-5 eBook

Please note that the Italian and English versions of the story have been written to be as close as possible. However, in some cases they differ in order to accommodate nuances and fluidity of each language.

Although the author and the publisher have made every effort to ensure the accuracy and completeness of information contained in this book, we assume no responsibility for errors, inaccuracies, omission, inconsistency, or consequences from such information.

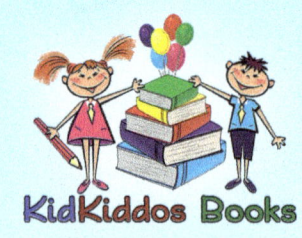

"È ora di andare a letto piccolo. Lava i dentini e infila il pigiama. Mettiti a letto e ti leggerò una storia" disse papà.

"Time for bed, son. Brush your teeth and put on your pajamas. Climb into bed, and I will read you a story," said Dad.

Quando Alex fu a letto il papà gli lesse una storia. Poi gli rimboccò le coperte e si sporse su di lui.

When Alex had climbed into bed, his dad read him a story. After that, he tucked him in and leaned over.

"Buonanotte figliolo, buonanotte tesoro. Ti voglio bene" disse.

"Goodnight, son. Goodnight, dear. I love you," he said.

"*Ti voglio bene anch'io papà, ma non riesco a dormire ora*" disse Alex.

"I love you too, Daddy, but I can't sleep right now," said Alex.

"*Perché piccolo, cosa c'è?*" gli chiese il papà.

"Why, son? What's wrong?" asked Dad.

"*Devo bere*" rispose Alex.

"I need a drink of water first," Alex answered.

Il papà andò a prendere un bicchiere d'acqua per Alex. Poi tornò di sopra, nella camera da letto.

Dad went downstairs and poured a glass of water for Alex. Then, he climbed the stairs back up to the bedroom.

"Ecco piccolo, ora puoi dormire" disse il papà.

"Here you are, son. Now you can sleep," said Dad.

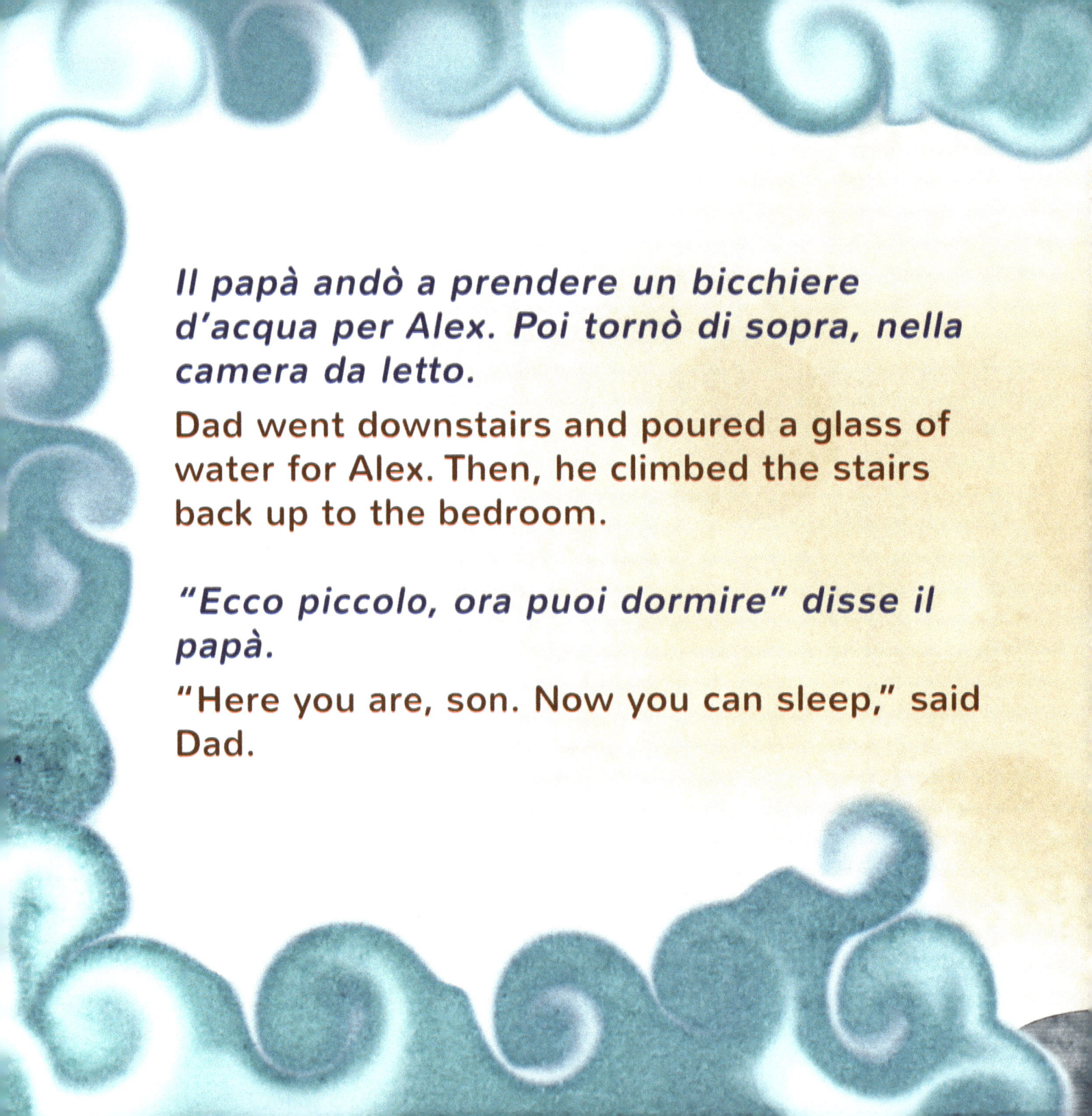

Alex bevve il suo bicchier d'acqua e si sdraiò di nuovo. Il papà gli rimboccò le coperte e si sporse su di lui.

Alex drank the glass of water and lay back down. His dad tucked him in and leaned over.

"Buonanotte figliolo, buonanotte tesoro. Ti voglio bene," disse.

"Goodnight, son. Goodnight, dear. I love you," he said.

"Ti voglio bene anch'io papà, ma non riesco a dormire ora" disse Alex.

"I love you too, Daddy, but I can't sleep right now."

"Perché piccolo, cosa c'è?" gli chiese il papà.

"Why, son? What's wrong?" asked Dad.

"Ho bisogno del mio orsacchiotto" rispose Alex.

"I need my teddy bear," answered Alex.

"*Non questo papà. Voglio quello grigio*" *disse Alex.*

"Not this one, Daddy. I need the grey teddy bear," said Alex.

Il papà rise. Scese di sotto per prendere l'orsacchiotto grigio sul divano. Poi risalì le scale e tornò nella cameretta del figlio.

Dad laughed. He went downstairs to get a grey teddy bear from the couch. Then, he climbed the stairs back up to his son's room again.

"Ecco il tuo orsacchiotto. Ora puoi dormire" disse il papà.

"Here is your teddy bear. Now you can sleep," said Dad.

"Grazie papà!" rispose Alex.

"Thank you, Daddy!" said Alex.

Il papà rimboccò le coperte all'orsacchiotto e al figlio e si sporse su di lui.
Dad tucked in his son and the grey teddy bear and leaned over.

"Buonanotte figliolo, buonanotte tesoro. Ti voglio bene" disse.
"Goodnight, son. Goodnight, dear. I love you," he said.

"Ti voglio bene anch'io papà, ma non riesco ancora a dormire" disse Alex.
"I love you too, Daddy, but I still can't sleep yet," said Alex again.

"Perché piccolo, cosa c'è?" gli chiese il papà.
"Why, son? What's wrong?" asked Dad.

"Se potessi scegliere di essere una cosa qualsiasi, Alex, cosa vorresti essere?"

"If you could be anything at all, Alex, what would you be?"

"Sarei un uccello che vola nella brezza" rispose Alex.

"I'd be a bird and float on the breeze," answered Alex.

"*Che bellissimo sogno, piccolo!*" *disse il papà.*

"What a beautiful dream, son!" said Dad.

"*Ma, cosa succederà dopo?*" *chiese Alex.*

"But, what will happen next?" asked Alex.

"Prima di tutto, attraverseremo insieme le nuvole morbide e soffici. Il sole riscalderà le nostre piume con il suo bagliore delicato e rosa" disse il papà.

"First, you and I will soar through the soft, fluffy clouds. The sun will warm our feathers with its gentle, pink glow," said Dad.

"L'aurora è bellissima papà!" Disse Alex. Il papà annuì.

"The sunrise is beautiful, Daddy!" said Alex. Dad nodded.

"*Poi sorvoleremo le montagne grigie e fredde e la silenziosa foresta*" continuò il papà.

"Next, we will glide over the cool, gray mountains and past the quiet forest," said Dad.

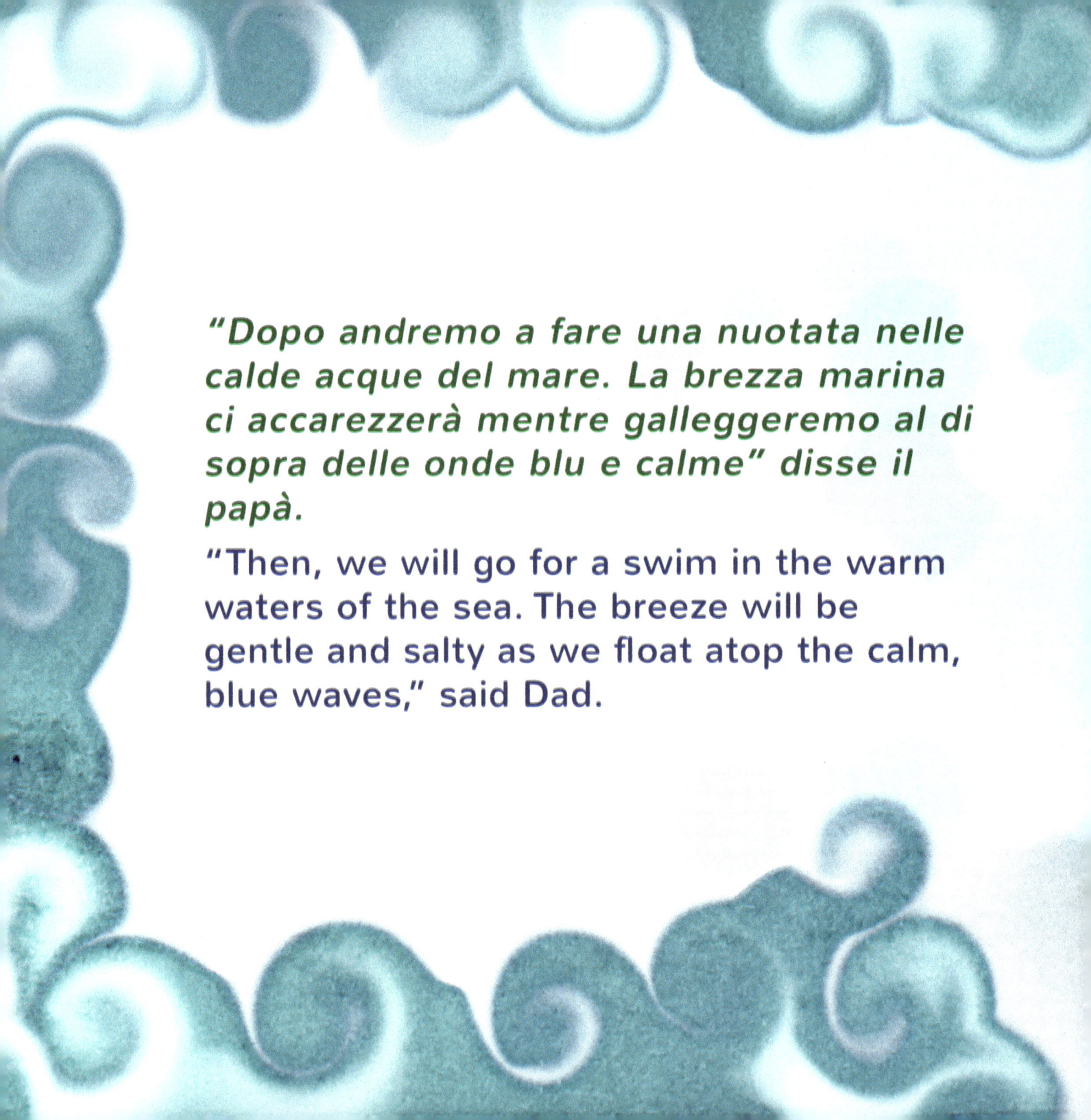

"Dopo andremo a fare una nuotata nelle calde acque del mare. La brezza marina ci accarezzerà mentre galleggeremo al di sopra delle onde blu e calme" disse il papà.

"Then, we will go for a swim in the warm waters of the sea. The breeze will be gentle and salty as we float atop the calm, blue waves," said Dad.

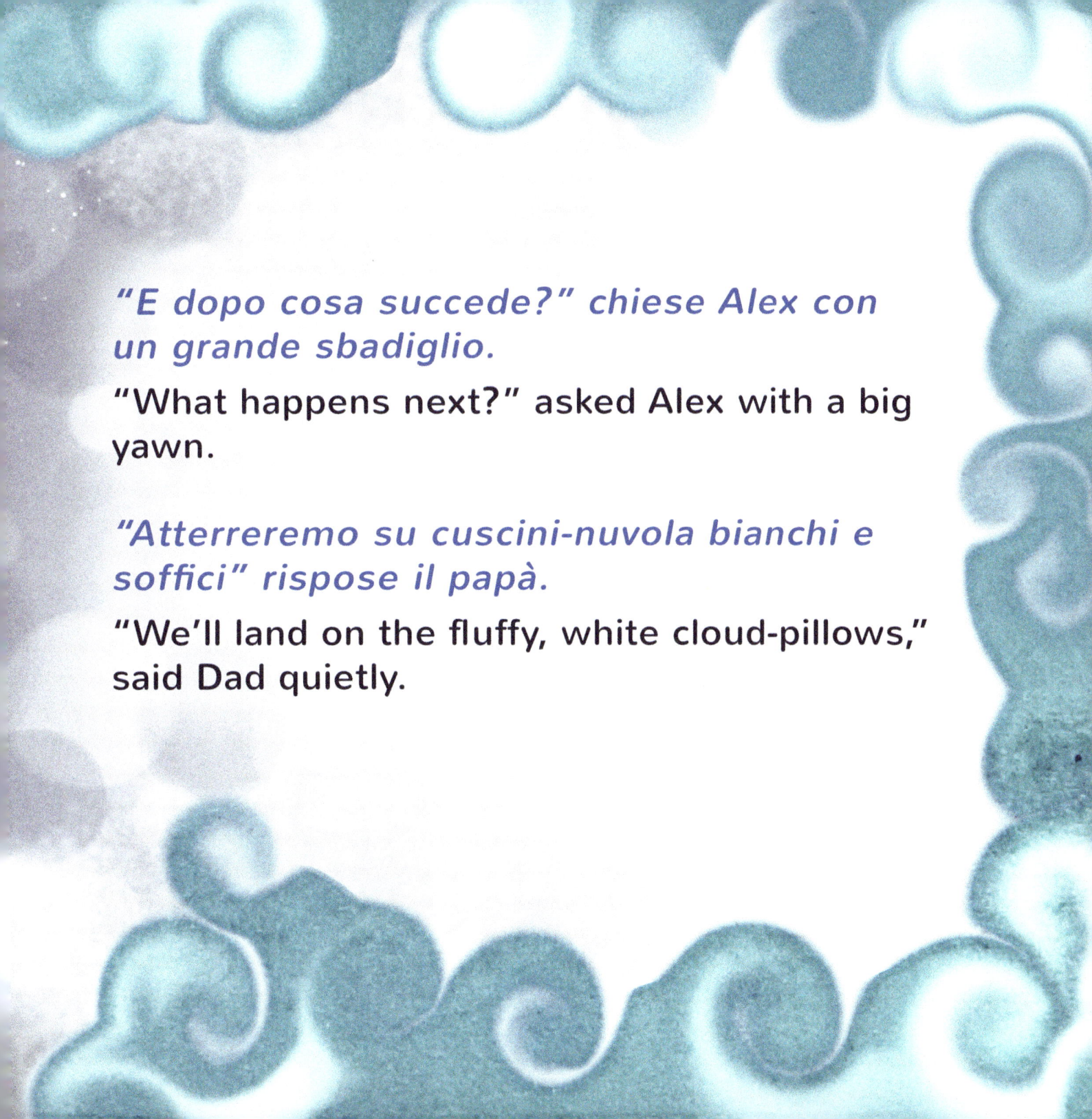

"E dopo cosa succede?" chiese Alex con un grande sbadiglio.

"What happens next?" asked Alex with a big yawn.

"Atterreremo su cuscini-nuvola bianchi e soffici" rispose il papà.

"We'll land on the fluffy, white cloud-pillows," said Dad quietly.

Il papà guardò Alex addormentarsi e si sporse su di lui.

Dad looked at Alex sleeping and leaned over.

"Buonanotte piccolo. Buonanotte tesoro. Ti voglio bene," disse il papà. Poi diede al figlio un bacio sulla fronte. "Te ne vorrò sempre. Buonanotte!"

"Goodnight, son. Goodnight, dear. I love you," said Dad. Then, he gave his son a kiss on his forehead. "I will always love you. Goodnight!"

www.ingramcontent.com/pod-product-compliance
Lightning Source LLC
Chambersburg PA
CBHW061134070526
44584CB00033B/4321